"La Térébenthyle"

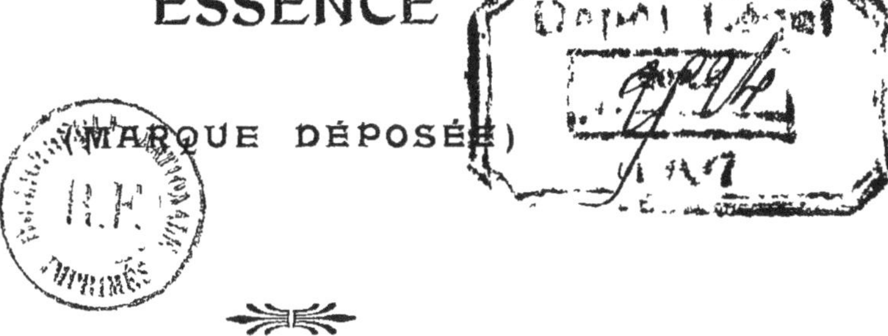

ESSENCE

(MARQUE DÉPOSÉE)

ESSAIS OFFICIELS

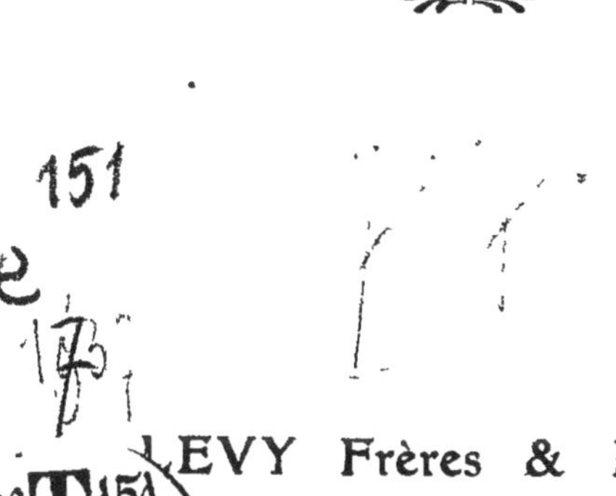

LEVY Frères & PERCY

| 52, RUE DE PARADIS, 52 | Téléph 316-62

PARIS

USINE A SAINT-DENIS (SEINE)

LABORATOIRE D'ESSAIS

Prière d'adresser la correspondance au Laboratoire d'Essais

292, rue Saint-Martin

RÉPUBLIQUE FRANÇAISE

Ministère du Commerce, de l'Industrie, des Postes et des Télégraphes

CONSERVATOIRE NATIONAL DES ARTS ET MÉTIERS

Paris, le 16 février 1907.

PROCÈS-VERBAL
DE L'ESSAI N° 4190

Demandé par MM. Lévy frères et Percy,
Demeurant à Paris, 52, rue de Paradis.
Le 24 janvier 1907.

Essais de " Térébenthyle ".

OBJET : S. 3136 R. 2500

BUT DES ESSAIS

Les essais qui ont été effectués avaient pour but de déterminer l'influence de la Térébenthyle sur la coloration des peintures, comparativement à l'action de l'essence de térébenthine.

MODE D'EXÉCUTION ET RÉSULTAT DES ESSAIS

Dans ce but, il a été préparé des peintures ayant les couleurs suivantes : Corail, Chamois, Vert moyen, Vert clair, Bleu moyen, Bleu clair.

Pour chacune de ces couleurs nous avons fabriqué deux peintures, l'une contenant de la Térébenthyle, l'autre de l'essence de térébenthine. Chacune de ces peintures contenait un même poids de matières colorantes, un même volume d'huile de lin et respectivement des volumes égaux de térébenthyle et d'essence de térébenthine.

Ces peintures ont été appliquées sur des plaques de plâtre, de bois et de fer-blanc. On a donné deux couches

Une semaine après l'application de la deuxième couche, on a constaté que, pour chaque couleur, il n'existait aucune différence dans les teintes entre la peinture à base de Térébenthyle et celle à base d'essence de térébenthine.

BUT DE L'ESSAI N° 2

Cet essai a été effectué afin de comparer la vitesse de dessiccation de peintures à base de Térébenthyle et de peintures à base d'essence de térébenthine.

MODE D'EXÉCUTION ET RÉSULTAT DE L'ESSAI

Il a été préparé deux peintures à l'oxyde de zinc contenant un même poids d'oxyde de zinc, un même volume d'huile de lin, une même quantité de siccatif et respectivement des volumes égaux de Térébenthyle et d'essence de térébenthine.

On a appliqué une seule couche de ces peintures sur des plaques de bois, et on a noté le moment où une bande de papier non collé, fortement pressée sur les couches, ne recevait plus aucune trace de peinture.

Nous avons ainsi constaté que la peinture à base de Térébenthyle était sèche en même temps que celle à base d'essence de térébenthine.

Vu :

Le Directeur
du Laboratoire d'essais,
PÉROT.

Vu :

Pour le Chef
de la Section des Matériaux,
G. CHENU.

Opinion sur la “ Térébenthyle ”

DE

Sir BEVERTON REDWOOD,

une des sommités anglaises de la Chimie

Expert-chimiste
de la Couronne et du Gouvernement

Londres, le 4 janvier 1907.

Pendant ces dernières trente-cinq années, j'ai été à plusieurs reprises appelé à eprouver différents produits lancés dans le commerce pour suppleer à l'essence de terébenthine naturelle, et je suis très bien informe sur les propriétés et qualités de ceux des produits qui ont obtenu le plus grand succés.

Il est bien entendu qu'on désire que le produit à substituer ressemble au point de vue physiologique à celui qu'il doit remplacer. Dans le cas present, en consideration de l'application generale de l'essence de térebenthine, il est très important que le produit en mélange avec de l'huile de lin transforme la laque copal en une dissolution claire et sans aucun trouble ; qu'il sèche aussi vite que l'essence naturelle. La laque doit devenir dure et présenter un beau lustre. Nombre d'essais que j'ai faits dans mon laboratoire ont prouvé que la “ Térébenthyle ” remplit absolument toutes ces conditions.

Je trouve que pour la fabrication des laques copal la Térébenthyle " est plus efficace que l'essence de terébenthine naturelle et qu'elle donne un produit qui sèche un peu moins vite que la laque faite avec de l'essence naturelle.

En outre, j'ai constaté qu'en employant la " Terebenthyle ", la couche de laque durcit aussi vite qu'avec de l'essence naturelle et, au point de vue du degre de durete, il n'y a pas de différence entre les deux.

Dans ces circonstances, je puis déclarer que la " Terebenthyle " remplace avantageusement l'essence de térébenthine naturelle. Considérant les difficultes de plus en plus grandes de se procurer des quantites de bonne essence de terebenthine naturelle, je présume qu'il y a un grand débouche pour la " Terebenthyle " dans les applications industrielles.

Signé : BEVERTON REDWOOD,
Expert-chimiste de la Couronne et du Gouvernement

Essais faits de la " Térébenthyle "

PAR

l'Institut Impérial allemand des essais de matières
(dépendance de l'École Polytechnique de Berlin)
le 17 décembre 1906.

A. — OBJET DU CONTRAT

Les essais suivants devront être entrepris :

1° Essai du pouvoir dissolvant de l'essence de terebenthine et de la « Térebenthyle » sur le copal de Zanzibar et de Manille ;

2° Comparaison de la maniere d'être de la laque fabriquee dans le laboratoire au moyen du produit envoye en diluant cette laque au moyen du dissolvant employé pour sa fabrication ;

3° Determination de la rapidité de dessiccation de la laque fabriquee d'après le procede 2 ;

4° Essais de rayage pour determiner la dureté de la laque produite d'après le 2 au moyen de l'essence de terébenthine et de la « Terébenthyle ».

B. — ECHANTILLONS DES PRODUITS ESSAYÉS

Echantillon N° 4014/1. — Environ deux litres d'huile dans un bidon de fer-blanc soudé désigné par l'expediteur sous le nom d'essence de Térébenthine.

Echantillon N° 4014/2. — Environ cinq litres d'huile dans un bidon de fer blanc désigné par l'expéditeur comme « Terébenthyle ».

Echantillon N° 4014/3-4. — Environ 700 grammes de résine dont environ 100 grammes dans une boîte non cachetée et environ 600 grammes dans un sachet de papier désigné par l'expéditeur comme copal de Manille et copal de Zanzibar.

I. — L'essence de Térébenthine

L'aspect extérieur tres fluide, limpide comme de l'eau claire, non fluorescent, sentant fortement l'essence de térébenthine.

Densité 15° C.	0.8770
(Eau à 4° C = I.)	
Indice de réfraction	1.4730

II. — " La Térébenthyle "

L'aspect extérieur très fluide, limpide comme de l'eau claire, non fluorescent, et odeur légèrement minérale.

Densité à 15° C.	0.8084
(Eau à 4° C = I.).	
Indice de réfraction	1.4490

C. — RÉSULTATS DES ESSAIS DU N° I

Comparaison de pouvoir dissolvant

Chaque 10 grammes de copal finement pulverise fut placé dans un ballon muni d'un serpentin réfrigerant avec 20 grammes de liquide dissolvant.

Aprés refroidissement, on sépara l'insoluble par filtration et chaque 10 cent. cube du filtrat fut evaporé dans une capsule en verre et pese.

Les résultats sont reunis dans le tableau I.

TABLEAU I

Solubilité des copals.

COPAL EMPLOYÉ	QUANTITÉ DISSOUTE EN POUR CENT — DISSOLVANT EMPLOYÉ			
	ESSENCE DE TEREBENTHINE		TEREBENTHYLE	
	Resultats isoles	Moyenne	Resultats isoles	Moyenne
Copal de Manille	8.4 8.4	8.4	9.1 9.2	9.2
Copal de Zanzibar	3.4 3.6	3.5	3.5 4.»	3.8

Les essais de dissolution qui ont ete faits avec du copal surchauffé, dont on a distillé 25 0/0 d'huile de copal introduits ont démontré qu'une quantite quelconque de copal se dissolvait dans le dissolvant en augmentant de volume.

COMPARAISON DES LAQUES EN LES ALLONGEANT AU MOYEN DU DISSOLVANT

Pour la fabrication des laques, on a distille environ 25 0/0 d'huile de copal de ces copals (les copals qui n'ont pas ete distillés donnent, comme c'est connu et aussi d'après les résultats des essais, des laques trop fluides). Par l'échauffement, la proprieté des copals a dissoudre dans les dissolvants augmente, on ne peut pas toutefois depasser un certain degre d'echauffement, car les laques deviendraient trop foncees.

Les conditions les plus favorables semblent se présenter quand le copal a perdu environ 25 0/0 en huile de copal.

Chaque 10 grammes de residu de la distillation finement pulvérisés fut tenu a l'ébullition pendant deux heures avec 15 gr. de dissolvant ; le flacon étant muni d'un serpentin condenseur.

La laque epaisse ainsi obtenue fut diluee avec le double du volume du dissolvant employé, et les phénomenes qui se passèrent furent examines.

Ces essais présentèrent des différences considérables entre la manière d'être des differentes laques.

Les laques fabriquées au moyen du copal de Manille restèrent complètement limpides avec l'essence de térebenthine et de la « Térébenthyle » ; celles au contraire diluées au moyen du White Spirit donnèrent un fort precipité.

Il est toutefois à remarquer que ces laques étaient sensiblement plus foncées que celles fabriquees au moyen du copal de Manille. Pour obtenir des laques moins foncees et pour determiner en même temps la manière de se com porter du copal de Zanzibar, moins fort distille, vis-a-vis des dissolvants, on a fait une série d'essais ultérieurs sur des copals dont il a eté distille: A. 20 0/0 ; B. 15 0/0 ; C. 10 0/0 d'huile de copal, et le reste a eté traité comme indique plus haut.

Ces essais ont donné les resultats, suivant que les laques faites d'après A et B se sont présentées dans les mêmes conditions que celles indiquees plus haut. Cependant, quand on a distillé seulement 10 0/0 d'huile de copal du copal, alors la « Térebenthyle » a tenu entièrement la laque en solution, le White Spirit la precipita en grande partie et l'essence de terebenthine en plus faible partie.

Les resultats des essais sont condensés dans le tableau N° 2.

TABLEAU II

Manière de se présenter des laques à la dilution au moyen de dissolvants employé s pour la dissolution de ces laques.

COMPOSITION DES LAQUES Nature du copal employé.	Dissolvants employes.	Manière de se présenter des laques par l'emploi de dissolvants ayant servi à leur fabrication
Copal de Manille. 25 0/0 de copal distillé.	Térébenthine White Spirit. La Térébenthyle . .	Reste claire. Se trouble. Reste claire.
Copal de Zanzibar. 25 0/0 huile de copal distillé.	Térébenthine White Spirit. La Téreben-thyle . . .	Reste claire.
Copal de Zanzibar. 20 0/0 huile de copal distillé.	Térébenthine White Spirit. La Térében-thyle . .	Reste claire.
Copal de Zanzibar *Ab* 6. 15 0/0 huile de copal distillé.	Térébenthine White Spirit. La Térében-thyle . . .	Reste claire.
Copal de Zanzibar. 10 0/0 huile de copal distillé.	Térébenthine White Spirit. La Térében-thyle . . .	Se trouble légèrement. Se trouble fortement. Reste claire.

ESSAI III

Détermination de la rapidité avec laquelle sechent les laques fabriquées avec la « Térébenthyle », White Spirit et essence de térébenthine.

Les laques non diluees fabriquees d'apres le II ont eté etendues au moyen d'un pinceau d'un centimetre de largeur, en une couche d'une epaisseur égale sur une plaque de verre. Après chaque demi-heure, afin de déterminer le pouvoir de dessiccation des laques, on a fait des observations. Les résultats des observations se trouvent dans le tableau III (les laques produites au moyen du copal de Zanzibar, dont on avait distillé 10 0/0 d'huile, n'ont pas été essayées pour en déterminer le pouvoir de dessiccation ni la durete, puisqu'elles donnaient déjà des precipites avec l'essence de térebenthine).

TABLEAU III

Pouvoir de dessiccation des laques fabriquées d'après II

Nature du copal employé	Quantité d'huile de copal distille	État après heure	DISSOLVANT EMPLOYÉ		
			Térébenthine	White Spirit	Térébenthyle
Manila copal	25 0/0	1/2	legerement collant	»	legerement collant
		1	sec	»	sec
Copal de Zanzibar	25 0/0	1/2	collant	très collant	collant
		1	legerement collant	très collant	legerement collant
		1 1/2	presque sec	très collant	sec
		2	sec	collant	sec
		3	sec	sec	sec
	20 0/0	1/2	legerement collant	très collant	legerement collant
		1	sec	Id.	sec
		1 1/2	sec	Id.	sec
		2	sec	collant	sec
		3	sec	sec	sec
Copal de Zanzibar	15 0/0	1/2	legerement collant	très collant	legerement collant
		1	presque sec	Id.	sec
		1 1/2	sec	Id.	sec
		2	sec	Id.	sec
		3	sec	sec	sec

ESSAI IV

Détermination de la dureté des laques fabriquées d'après II au moyen de l'essence de térébenthine et de la « térébenthyle ».

Les laques furent ainsi qu'il a eté décrit en III, etendues sur des plaques de verre et celles-ci furent placées pendant six heures environ dans une étuve a 100° C. Le lendemain la dureté des couches de laques fut determinée au moyen de l'essayeur rapide du Docteur Clemen, de Dresde.

On fait une rayure dans la couche en faisant mouvoir la plaque de verre sous un couteau en acier legèrement charge de poids.

On juge de la durete de la couche d'après le poids dont il faut charger le couteau pour produire une rayure, et on juge de la résistance d'après la nature de la rayure en voyant si elle est unie, ecailleuse, à eclats, etc...

Les résultats sont indiques dans le tableau IV.

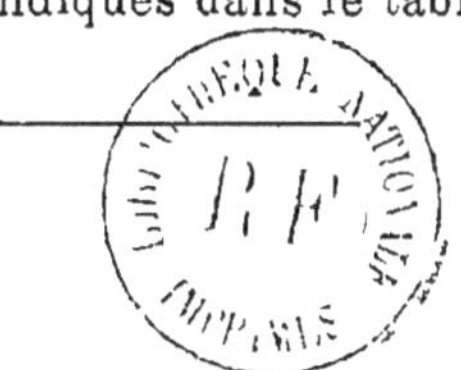

TABLEAU IV

Essais de rayures

COMPOSITION DE LA LAQUE		RÉSULTATS D'UNE CHARGE DE :					
Copal employé	Dissolvant employé	10 gr.	20 gr.	50 gr.	100 gr.	150 gr.	200 gr.
Copal de Manille 25 0/0 de l'huile de copal distillé	Térébenthine	légère rayure unie	légère rayure unie	un peu plus profonde	rayure profonde, cassure legerement ecaillee	rayure profonde, cassure ecailleuse	rayure profonde. cassure ecailleuse
	Térébenthyle	Id.	Id.	Id	Id.	Id	Id.
Copal de Zanzibar 25 0/0 de l'huile de copal distillé	Térébenthine	rayure presque invisible	Id.	rayure un peu plus forte, levres un peu ecaillees	rayure profonde, cassure ecaillee	Id.	Id.
	Térébenthyle	Id.	Id.	Id.	Id.	Id.	Id.
Copal de Zanzibar 20 0/0 de l'huile de copal distillé	Térébenthine	Id.	Id.	Id.	Id.	Id.	Id.
	Térébenthyle	Id.	Id.	Id.	Id.	Id.	Id.
Copal de Zanzibar 15 0/0 de l'huile de copal distillé	Térébenthine	rayure légère unie	Id.	rayure un peu plus forte, lèvres legèrement ecaillees	Id.	forte rayure, levres legerement ecaillees	Id.
	Térébenthyle	Id.	Id.	Id.	Id.	Id.	Id.

D. — CONCLUSION

Il resulte de ces essais ce qui suit :

I. " La Térébenthyle " possède pour le copal et les laques de copal un plus grand pouvoir dissolvant, et le white spirit un plus faible que l'essence de terébenthine.

II. Les laques fabriquees avec le copal de Zanzibar et la " Térebenthyle " se dessèchent un peu plus vite que celles fabriquees avec l'essence de térébenthine.

Celles fabriquées avec le copal de Manille se comportent de même qu'avec l'essence de terébenthine.

III. Quant aux essais de dureté, il n'y a pas de difference entre les laques fabriquees au moyen de la terébenthine et de la " Térébenthyle ".

Gross-Lichterfelde (Berlin), le 17 Décembre 1906.

Institut Imperial d'essais.

Signé : Directeur,
E. Heyn.

Signé : Chef du Département,
Holde.

Paris. Imprimerie Paul Dupont, L. Gillet, Dir. — 455.3.07
144, Rue Montmartre (2e).

www.ingramcontent.com/pod-product-compliance
Lightning Source LLC
LaVergne TN
LVHW010411240826
846091LV00020B/3631
9782019287955